Benedikt xvi.

»Ein Christ ist nie allein«

BENEDIKT XVI.

»Ein Christ ist nie allein«

Predigten und Botschaften

Deutsche Verlags-Anstalt
München

Inhalt

5

»Christus begegnen heißt, der Barmherzigkeit Gottes begegnen«

MISSA PRO ELIGENDO ROMANO PONTIFICE

Predigt im Petersdom vor dem Einzug
der Kardinäle ins Konklave

18. April 2005

In dieser verantwortungsvollen Stunde hören wir mit besonderer Aufmerksamkeit auf das, was der Herr uns mit seinen eigenen Worten sagt. Aus den drei Lesungen möchte ich nur einige Abschnitte auswählen, die uns in einem Augenblick wie diesem direkt betreffen.

Die Erste Lesung bietet ein prophetisches Bild der Figur des Messias – ein Bild, das seine ganze Bedeutung von dem Augenblick her erhält, als Jesus, der diesen Text in der Synagoge von Nazareth liest, sagt: »Heute hat sich dieses Schriftwort erfüllt« (LUKAS 4,21). Im Zentrum des prophetischen Textes stoßen wir auf ein Wort, das – zumindest auf den ersten Blick – widersprüchlich erscheint. Der Messias, der von sich spricht, sagt, er sei gesandt worden, damit er »ein Gnadenjahr des Herrn ausrufe, einen Tag der Vergeltung unseres Gottes« (JESAJA 61,2). Wir hören voll Freude die Ankündigung des Jahres der Barmherzigkeit: Die göttliche Barmherzigkeit setzt dem Bösen eine Grenze – hat der Heilige Vater uns gesagt. Jesus Christus ist die göttliche Barmherzigkeit in Person: Christus begegnen heißt, der Barmherzigkeit Gottes begegnen. Der Auftrag Christi ist durch die priesterliche

Salbung zu unserem Auftrag geworden; wir sind aufgerufen, »das Jahr der Barmherzigkeit des Herrn« nicht nur mit Worten, sondern mit dem Leben und mit den wirksamen Zeichen der Sakramente zu verkünden. Was aber will Jesaja sagen, als er den »Tag der Vergeltung unseres Gottes« ankündigt? Jesus hat in Nazareth, als er den Text des Propheten las, diese Worte nicht ausgesprochen – er schloß mit der Ankündigung des Jahres der Barmherzigkeit. War das vielleicht der Anlaß zu der Empörung, die nach seiner Predigt aufkam? Wir wissen es nicht. Auf jeden Fall hat der Herr seinen authentischen Kommentar zu diesen Wor-ten durch den Tod am Kreuz abgegeben. »Er hat unsere Sünden mit seinem Leib auf das Holz des Kreuzes getragen…«, sagt der heilige Petrus (1 Petrus 2,24). Und der heilige Paulus schreibt an die Galater: »Christus hat uns vom Fluch des Gesetzes freigekauft, indem er für uns zum Fluch geworden ist; denn es steht in der Schrift: Verflucht ist jeder, der am Pfahl hängt. Jesus Christus hat uns freigekauft, damit den Heiden durch ihn der Segen Abrahams zuteil wird und wir so aufgrund des Glaubens den verheißenen Geist empfangen« (Galater 3,13).

12

Die Barmherzigkeit Christi ist keine billig zu habende Gnade, sie darf nicht als Banalisierung des Bösen mißverstanden werden. Christus trägt in seinem Leib und in seiner Seele die ganze Last des Bösen, dessen ganze zerstörerische Kraft. Er verbrennt und verwandelt das Böse im Leiden, im Feuer seiner leidenden Liebe. Der Tag der Vergeltung und das Jahr der Barmherzigkeit fallen im Ostermysterium, im toten und auferstandenen Christus zusammen. Das ist die Vergeltung Gottes: Er selbst leidet in der Person des Sohnes für uns. Je mehr wir von der Barmherzigkeit des Herrn berührt werden, um so mehr solidarisieren wir uns mit seinem Leiden, werden wir bereit, »das, was an den Leiden Christi noch fehlt« (KOLOSSER 1,24), in unserem Leib zu ergänzen.

Gehen wir zur Zweiten Lesung über, zum Brief an die Epheser. Hier geht es im wesentlichen um drei Dinge: erstens um die Ämter und Charismen in der Kirche als Gaben des auferstandenen und in den Himmel aufgefahrenen Herrn; sodann um das Heranreifen des Glaubens und der Erkenntnis des Sohnes Gottes als Voraussetzung und Inhalt der Einheit im Leib Christi; und schließlich um die gemeinsame Teilnahme am Wachsen des Leibes Christi, das heißt an der Umgestaltung der Welt in die Gemeinschaft mit dem Herrn.

Wir verweilen nur bei zwei Punkten. Der erste ist der Weg zur »Reife Christi«, wie es etwas vereinfachend im italienischen Text heißt. Dem griechischen Text nach müßten wir genauer von dem »Maß der Fülle Christi« sprechen, die zu erreichen wir gerufen sind, um wirklich Erwachsene im Glauben zu sein. Wir sollen nicht Kinder im Zustand der Unmündigkeit bleiben. Was heißt, unmündige Kinder im Glauben sein? Der heilige Paulus antwortet: Es bedeutet, »ein Spiel der Wellen zu sein, hin- und hergetrieben von jedem Widerstreit der Meinungen ...« (EPHESER 4,14). Eine sehr aktuelle Beschreibung!

Wie viele Glaubensmeinungen haben wir in diesen letzten Jahrzehnten kennengelernt, wie viele ideologische Strömungen, wie viele Denkweisen ... Das kleine Boot des Denkens vieler Christen ist nicht selten von diesen Wogen zum Schwanken gebracht, von einem Extrem ins andere geworfen worden: vom Marxismus zum Liberalismus bis hin zum

Libertinismus; vom Kollektivismus zum radikalen Individualismus; vom Atheismus zu einem vagen religiösen Mystizismus; vom Agnostizismus zum Synkretismus und so weiter. Jeden Tag entstehen neue Sekten, und dabei tritt ein, was der heilige Paulus über den Betrug unter den Menschen und über die irreführende Verschlagenheit gesagt hat (vgl. Epheser 4,14). Einen klaren Glauben nach dem Credo der Kirche zu haben, wird oft als Fundamentalismus abgestempelt, wohingegen der Relativismus, das sich »vom Windstoß irgendeiner Lehrmeinung Hin-und-hertreiben-lassen«, als die heutzutage einzige zeitgemäße Haltung erscheint. Es entsteht eine Diktatur des Relativismus, die nichts als endgültig anerkennt und als letztes Maß nur das eigene Ich und seine Gelüste gelten läßt.

Wir haben jedoch ein anderes Maß: den Sohn Gottes, den wahren Menschen. Er ist das Maß des wahren Humanismus. »Erwachsen« ist nicht ein Glaube, der den Wellen der Mode und der letzten Neuheit folgt; erwachsen und reif ist ein Glaube, der tief in der Freundschaft mit Christus verwurzelt ist. Diese Freundschaft macht uns offen gegenüber allem, was gut ist und uns das Kriterium an die Hand gibt, um zwischen wahr und falsch, zwischen Trug und Wahrheit zu unterscheiden. Diesen erwachsenen Glauben müssen wir reifen lassen, zu diesem Glauben müssen wir die Herde Christi führen. Und dieser Glaube – der Glaube allein – schafft die Einheit und verwirklicht sich in der Liebe. Dazu bietet uns der heilige Paulus – im Gegensatz zu den ständigen Sinnesänderungen derer, die wie Kinder von den Wellen hin- und hergeworfen werden – ein schönes Wort: die Wahrheit tun in der Liebe als grundlegende Formel der christlichen Existenz. In Christus decken sich Wahrheit und Liebe. In dem Maße, in dem wir uns Christus nähern, verschmelzen auch in unserem Leben Wahrheit und Liebe. Die Liebe ohne Wahrheit wäre blind; die Wahrheit ohne Liebe wäre wie »eine lärmende Pauke« (1 Korinther 13,1).

Wir kommen nun zum Evangelium, aus dessen Fülle ich nur zwei kleine Bemerkungen entnehme. Der Herr richtet an uns diese wunderbaren Worte: »Ich nenne euch nicht mehr Knechte ... Vielmehr habe ich euch Freunde genannt« (Johannes 15,15). So oft haben wir das Gefühl, daß wir – wie es ja zutrifft – nur unnütze Knechte sind (vgl.

Lukas 17,10). Und trotzdem nennt der Herr uns Freunde, er macht uns zu seinen Freunden, er schenkt uns seine Freundschaft. Der Herr definiert die Freundschaft auf eine zweifache Weise. Zwischen Freunden gibt es keine Geheimnisse: Christus sagt uns alles, was er vom Vater hört; er schenkt uns sein volles Vertrauen und mit dem Vertrauen auch die Erkenntnis. Er offenbart uns sein Antlitz, sein Herz. Er zeigt uns seine liebevolle Zuwendung zu uns, seine leidenschaftliche Liebe, die bis zur Torheit des Kreuzes geht. Er vertraut sich uns an, er verleiht uns die Vollmacht, durch sein Ich zu sprechen: »Das ist mein Leib…«, »ich spreche dich los…«. Er vertraut uns seinen Leib, die Kirche, an. Er vertraut unserem schwachen Geist, unseren schwachen Händen seine Wahrheit an – das Geheimnis von Gott, Vater, Sohn und Heiligem Geist; das Geheimnis von Gott, der »die Welt so sehr geliebt hat, daß er seinen einzigen Sohn hingab« (Johannes 3,16). Er hat uns zu seinen Freunden gemacht – und welche Antwort geben wir?

Das zweite Element, mit dem Jesus die Freundschaft definiert, ist die Übereinstimmung des Willens. »Idem velle – idem nolle« war auch für die Römer die Definition von Freundschaft. »Ihr seid meine Freunde, wenn ihr tut, was ich euch auftrage« (JOHANNES 15,14). Die Freundschaft mit Christus entspricht dem, was die dritte Bitte des Vaterunsers ausdrückt: »Dein Wille geschehe wie im Himmel so auf Erden«. In der Stunde von Getsemani hat Jesus unseren widerspenstigen menschlichen Willen in einen Willen verwandelt, der dem göttlichen Willen entspricht und mit ihm verbunden ist. Er hat das ganze Drama unserer Autonomie erlitten – und gerade dadurch, daß er unseren Willen in Gottes Hände legt, schenkt er uns die wahre Freiheit: »Aber nicht wie ich will, sondern wie du willst« (MATTHÄUS 26,39). In dieser Übereinstimmung des Willens vollzieht sich unsere Erlösung: Freunde Jesu sein, Freunde Gottes werden. Je mehr wir Jesus lieben, je mehr wir ihn kennen, um so mehr wächst unsere wahre Freiheit, wächst die Freude darüber, erlöst zu sein. Danke Jesus, für deine Freundschaft!

Das andere Element des Evangeliums, auf das ich hinweisen wollte, ist die Rede Jesu über das Fruchtbringen: »Ich habe euch dazu bestimmt, daß

ihr euch aufmacht und Frucht bringt und daß eure
Frucht bleibt« (JOHANNES 15,16). Hier erscheint
die Dynamik der Existenz des Christen, des Apo-
stels: Ich habe euch dazu bestimmt, daß ihr euch
aufmacht ... Wir müssen von einer heiligen Unruhe
beseelt sein: der Unruhe, allen das Geschenk des
Glaubens, der Freundschaft mit Christus zu bringen. In Wahrheit ist uns die Liebe, die Freundschaft Gottes geschenkt worden, damit sie auch
die anderen erreiche. Wir haben den Glauben empfangen, um ihn an die anderen weiterzugeben, wir
sind Priester, um anderen zu dienen. Und wir müssen Früchte hervorbringen, die bleiben. Alle Menschen wollen eine Spur hinterlassen, die bleibt.
Aber was bleibt? Das Geld nicht. Auch die Ge-
bäude bleiben nicht; ebensowenig die Bücher. Nach
einer gewissen, mehr oder weniger langen Zeit ver-
schwinden alle diese Dinge. Das einzige, was ewig
bleibt, ist die menschliche Seele, der von Gott für
die Ewigkeit erschaffene Mensch. Die Frucht, die
bleibt, ist daher das, was wir in die menschlichen
Seelen gesät haben – die Liebe, die Erkenntnis; die
Geste, die das Herz zu berühren vermag; das Wort,
das die Seele der Freude des Herrn öffnet. Brechen
wir also auf und bitten den Herrn, er möge uns

helfen, Frucht zu bringen, eine Frucht, die bleibt.
Nur so wird die Erde vom Tal der Tränen in einen
Garten Gottes verwandelt.

Wir kommen schließlich noch einmal auf den
Epheserbrief zurück. Der Brief sagt – mit den Worten des 68. Psalms –, daß Christus, als er in den
Himmel auffuhr, »den Menschen Geschenke gab«
(Epheser 4,8). Der Sieger verteilt Geschenke. Und
diese Geschenke sind Apostel, Propheten, Evange-
listen, Hirten und Lehrer. Unser Amt ist ein Ge-
schenk Christi an die Menschen, um seinen Leib –
die neue Welt – aufzubauen. Leben wir also unser
Amt als Geschenk Christi an die Menschen! Aber
in dieser Stunde beten wir vor allem inständig zum
Herrn, daß er uns nach dem großen Geschenk
Papst Johannes Pauls II. wieder einen Hirten nach
seinem Herzen schenke, einen Hirten, der uns zur
Erkenntnis Christi, zu seiner Liebe, zur wahren
Freude führt. Amen.

2

»Auf diesen Felsen
werde ich meine Kirche bauen«

<small>MISSA PRO ECCLESIA</small>

Erste Botschaft nach der Wahl
bei der Eucharistiefeier
mit den wahlberechtigten Kardinälen
in der Sixtinischen Kapelle

20. April 2005

Verehrte Brüder Kardinäle,
liebe Brüder und Schwestern in Christus,
Ihr alle, Männer und Frauen guten Willens!

1. Gnade sei mit Euch und Friede in Fülle (vgl.
1 Petrus 1,2)! In diesen Stunden ist mein Inneres
von zwei gegensätzlichen Empfindungen erfüllt.
Einerseits ein Gefühl der Unzulänglichkeit und
menschlichen Unruhe wegen der großen Verantwortung, die mir gestern als Nachfolger des Apo-
stels Petrus für die universale Kirche an diesem
Sitz in Rom übertragen wurde. Andererseits emp-
finde ich eine tiefe Dankbarkeit gegenüber Gott,
der – wie die Liturgie uns singen läßt – seine Herde
nicht im Stich läßt, sondern sie die Zeiten hindurch
unter der Führung derer leitet, die er als Stellvertreter seines Sohnes erwählt und als Hirten ein-
gesetzt hat (vgl. Präfation von den Aposteln I).

Meine Lieben, trotz allem überwiegt in meinem
Herzen diese tiefe Dankbarkeit für ein Geschenk
der göttlichen Barmherzigkeit. Und ich betrachte
diese Tatsache als eine besondere Gnade, die mir
von meinem verehrten Vorgänger Johannes Paul II.
erwirkt wurde. Mir scheint es, seine feste Hand zu

fühlen, die meine Hand drückt; mir scheint es, seine lächelnden Augen zu sehen und seine Worte zu hören, die in diesem Augenblick besonders mir gelten: »Hab keine Angst!«

Der Tod des Heiligen Vaters Johannes Paul II. und die Tage danach waren für die Kirche und für die ganze Welt eine außerordentliche Zeit der Gnade. Der große Schmerz über sein Ableben und das Gefühl der Leere, das er in allen hinterlassen hat, wurden gemildert durch das Wirken des auferstandenen Christus, das sich tagelang in der gemeinsamen Welle des Glaubens, der Liebe und der geistlichen Verbundenheit gezeigt und in den feierlichen Exequien seinen Höhepunkt gefunden hat.

Wir dürfen sagen: Die Beerdigung Johannes Pauls II. war wirklich eine außerordentliche Erfahrung, bei der in gewisser Weise die Macht Gottes zu spüren war, der durch seine Kirche alle Völker zu einer großen Familie machen will mit der einenden Kraft der Wahrheit und der Liebe (vgl. Lumen gentium, 1). Ähnlich seinem Meister und Herrn hat Johannes Paul II. in der Todesstunde sein langes und fruchtbares Pontifikat gekrönt, indem er das christliche Volk im Glauben gestärkt und es um sich versammelt hat, so daß sich die ganze Menschheitsfamilie geeinter fühlen konnte.

Wie könnte man sich von diesem Zeugnis nicht gestützt fühlen? Wie könnte man nicht die Ermutigung spüren, die von diesem gnadenvollen Ereignis ausgeht?

2. Entgegen all meinen Erwartungen hat die göttliche Vorsehung mich durch die Wahl der verehrten Väter Kardinäle dazu berufen, die Nachfolge dieses großen Papstes anzutreten. Ich denke in diesen Stunden an das, was im Gebiet von Cäsarea Philippi vor zweitausend Jahren geschehen ist. Es scheint mir, als hörte ich die Worte des Petrus: »Du bist der Messias, der Sohn des lebendigen Gottes«, und die feierliche Bestätigung des Herrn: »Du bist Petrus, und auf diesen Felsen werde ich meine Kirche bauen ... Ich werde dir die Schlüssel des Himmelreiches geben« (MATTHÄUS 16,15–19).

Du bist der Messias! Du bist Petrus! Es kommt mir vor, als würde ich die im Evangelium beschriebene Szene miterleben; ich, der Nachfolger des Petrus, wiederhole mit Bangen die furchtsamen Worte des Fischers von Galiläa und höre mit innerer Bewegung die beruhigende Verheißung des göttlichen Meisters. Wenn die Last der Verantwortung, die auf meine schwachen Schultern gelegt wird, übermäßig groß ist, so ist die göttliche Macht, auf die ich zählen kann, sicher grenzenlos: »Du bist Petrus, und auf diesen Felsen werde ich meine Kirche bauen« (MATTHÄUS 16,18). Als er mich zum Bischof von Rom erwählt hat, wollte der Herr mich zu seinem Stellvertreter, er wollte mich zum »Felsen« machen, auf den sich alle sicher stützen können. Ich bitte ihn, meinen schwachen Kräften Abhilfe zu leisten, damit ich ein mutiger und treuer Hirt seiner Herde sein und den Eingebungen seines Geistes folgen kann.

Ich schicke mich an, dieses besondere Dienstamt anzutreten, das Petrusamt im Dienst der universalen Kirche, indem ich mich demütig den Händen der göttlichen Vorsehung überlasse. An erster Stelle erneuere ich Christus meine vollkommene und vertrauensvolle Zustimmung: »In Te, Domine, speravi; non confundar in aeternum!« (Auf Dich, Herr, habe ich gehofft, ich werde in Ewigkeit nicht zugrunde gehen.)

Mit dem Herzen voller Dank für das mir erwiesene Vertrauen bitte ich Euch, meine Herren Kardinäle, mich durch das Gebet und die beständige, aktive und kluge Zusammenarbeit zu unterstützen. Ich bitte auch alle Brüder im Bischofsamt, mir mit ihrem Gebet und Rat zur Seite zu stehen, damit ich wirklich der »Servus servorum Dei« sein kann. Wie Petrus und die übrigen Apostel nach dem Willen des Herrn ein einziges apostolisches Kollegium bildeten, so sollen der Nachfolger des Petrus und die Bischöfe, die Nachfolger der Apostel – das Konzil betonte es ausdrücklich (vgl. LUMEN GENTIUM, 22) –, miteinander verbunden sein. Trotz der unterschiedlichen Rollen und Aufgaben des römischen Papstes und der Bischöfe steht diese kollegiale Gemeinschaft im Dienst der Kirche und der Einheit im Glauben, von der in hohem Maße die Wirksamkeit der Evangelisierungstätigkeit in der Welt von heute abhängt. Auf diesem Weg, den meine verehrungswürdigen Vorgänger beschritten haben, will auch ich weitergehen in der einzigen Sorge, der ganzen Welt die lebendige Gegenwart Christi zu verkünden.

3. Mir steht insbesondere das Zeugnis von Papst Johannes Paul II. vor Augen. Er hinterläßt eine mutigere, freiere und jüngere Kirche. Eine Kirche, die nach seiner Lehre und seinem Beispiel gelassen auf die Vergangenheit blickt und keine Angst vor der Zukunft hat. Durch das große Jubiläum ist sie in das neue Jahrtausend eingetreten, in den Händen das Evangelium haltend, das durch die maßgebliche vertiefte Interpretation des Zweiten Vatikanischen Konzils auf die heutige Welt angewandt wurde. Zu Recht hat Papst Johannes Paul II. das Konzil als »Kompaß« bezeichnet, mit dem man sich im weiten Meer des dritten Jahrtausends orientieren kann (vgl. Apostolisches Schreiben *Novo millennio ineunte*, 57–58). Auch in seinem geistlichen Testament schrieb er: »Ich bin überzeugt, daß es den jungen Generationen noch lange aufgegeben sein wird, die Reichtümer auszuschöpfen, die dieses Konzil des zwanzigsten Jahrhunderts uns geschenkt hat« (17. 3. 2000; in *O. R. dt.*, Nr. 16, 22. 4. 2005, S. 5).

Deshalb will auch ich, wenn ich den Dienst übernehme, der dem Nachfolger Petri eigen ist, mit Nachdruck den festen Willen bekräftigen, daß ich

mich weiter um die Verwirklichung des Zweiten
Vatikanischen Konzils bemühen werde, auf den
Spuren meiner Vorgänger und in treuer Kontinui-
tät mit der zweitausendjährigen Tradition der Kirche. In diesem Jahr wird der 40. Jahrestag des Ab-
schlusses der Konzilsversammlung (8. Dezember
1965) gefeiert. Die Konzilsdokumente haben im
Laufe der Jahre nicht an Aktualität verloren; ihre
Lehren erweisen sich sogar als besonders nützlich
im bezug auf die neuen Anliegen der Kirche und
der jetzigen globalisierten Gesellschaft.

4. Sehr bedeutungsvoll ist, daß mein Pontifikat zu
einer Zeit beginnt, in der die Kirche das besondere
Jahr der Eucharistie begeht. Sollte man in diesem
providentiellen Zusammentreffen nicht ein Element sehen, das das Dienstamt, zu dem ich berufen bin, kennzeichnen muß? Die Eucharistie, Herz
des christlichen Lebens und Quelle der Evangeli-
sierungssendung der Kirche, soll die ständige Mitte
und Quelle des mir anvertrauten Petrusamtes sein.

Die Eucharistie setzt den auferstandenen Christus
immer gegenwärtig, der sich uns weiterhin dar-
bringt, indem er uns auffordert, am Gastmahl sei-

nes Leibes und seines Blutes teilzuhaben. Aus der vollen Gemeinschaft mit Ihm erwächst jedes weitere Element des Lebens der Kirche, an erster Stelle die Gemeinschaft zwischen allen Gläubigen, die Verpflichtung, das Evangelium zu verkünden und zu bezeugen, und die leidenschaftliche Liebe zu allen, besonders zu den Armen und Geringen.

In diesem Jahr muß deshalb das Hochfest des Leibes und Blutes des Herrn, Fronleichnam, besonders feierlich begangen werden. Die Eucharistie wird dann im August den Mittelpunkt des Weltjugendtages in Köln und im Oktober der Ordentlichen Versammlung der Bischofssynode bilden, deren Thema lautet: »Die Eucharistie, Quelle und Höhepunkt des Lebens und der Sendung der Kirche.« Ich bitte alle, in den kommenden Monaten die Liebe und Verehrung Jesu in der Eucharistie zu verstärken und den Glauben an die wirkliche Gegenwart des Herrn mutig und klar zum Ausdruck zu bringen, vor allem durch die Feierlichkeit und Korrektheit der Gottesdienste.

In besonderer Weise bitte ich die Priester darum, an die ich in diesem Augenblick mit großer Liebe denke. Das Priestertum ist im Abendmahlssaal zusammen mit der Eucharistie entstanden, wie mein verehrungswürdiger Vorgänger Johannes Paul II. viele Male unterstrichen hat. »Das Leben des Priesters muß in besonderer Weise eine ›eucharistische Gestalt‹ haben«, schrieb er in seinem letzten Brief zum Gründonnerstag 2005 (Nr. 1). Dazu trägt vor allem die andächtige tägliche Feier der heiligen Messe bei, die Mittelpunkt des Lebens und der Sendung jedes Priesters sein soll.

5. Genährt und gestützt von der Eucharistie, werden sich die Katholiken ganz selbstverständlich zum Streben nach jener vollen Einheit angespornt fühlen, die Christus im Abendmahlssaal so innig gewünscht hat. Der Nachfolger Petri weiß, daß er dieses tiefe Verlangen des göttlichen Meisters in ganz besonderer Weise auf sich nehmen muß. Denn ihm ist die Aufgabe übertragen, die Brüder zu stärken (vgl. Lukas 22,32).

Zu Beginn seines Amtes in der Kirche von Rom, die Petrus mit seinem Blut getränkt hat, übernimmt sein jetziger Nachfolger ganz bewußt als vorrangige Verpflichtung die Aufgabe, mit allen

Kräften an der Wiederherstellung der vollen und
sichtbaren Einheit aller Jünger Christi zu arbeiten.
Das ist sein Bestreben, das ist seine dringende
Pflicht. Er ist sich dessen bewußt, daß dafür die
Bekundung aufrichtiger Gefühle nicht ausreicht.
Es bedarf konkreter Gesten, die das Herz erfassen
und die Gewissen aufrütteln, indem sie jeden zu
der inneren Umkehr bewegen, die die Vorausset-
zung für jedes Fortschreiten auf dem Weg der
Ökumene ist.

Der theologische Dialog ist notwendig, und die
Untersuchung der geschichtlichen Beweggründe
dieser Entscheidungen, die in der Vergangenheit
geschehen sind, ist ebenfalls unerläßlich. Aber am
dringendsten ist die »Reinigung des Gedächtnis-
ses«, die von Johannes Paul II. so oft hervorgehoben
wurde und die allein die Herzen darauf vorberei-
ten kann, die volle Wahrheit Christi aufzunehmen.
Vor ihn, den höchsten Richter allen Lebens, muß
jeder von uns hintreten in dem Bewußtsein, daß er
Ihm eines Tages Rechenschaft ablegen muß über
das, was er getan, und das, was er nicht getan hat
im Hinblick auf das große Gut der vollen und
sichtbaren Einheit aller seiner Jünger.

Der jetzige Nachfolger Petri läßt sich in erster
Person diese Frage stellen und ist bereit, alles in
seiner Macht Stehende zu tun, um das grundlegende
Anliegen der Ökumene zu fördern. Auf den Spuren
seiner Vorgänger ist er fest entschlossen, jede Ini-
tiative zu pflegen, die angemessen erscheinen mag,
um die Kontakte und das Einvernehmen mit den
Vertretern der verschiedenen Kirchen und kirchlichen Gemeinschaften zu fördern. Ja, ihnen sende
ich bei dieser Gelegenheit meinen herzlichen Gruß
in Christus, dem einen Herrn aller.

6. In diesem Augenblick gedenke ich der unvergeß-
lichen Erfahrung, die wir alle anläßlich des Todes
und des Begräbnisses des verstorbenen Johannes
Paul II. gemacht haben. Um seine sterbliche Hülle,
die auf dem bloßen Erdboden ruhte, hatten sich
die Oberhäupter der Nationen, Personen jedes Stan-
des, und besonders die Jugendlichen in einer unver-
geßlichen Umarmung der Liebe und Bewunderung
versammelt. Die ganze Welt hat voll Zuversicht
auf ihn geschaut. Vielen schien es, daß diese ein-
drucksvolle Teilnahme, die von den Medien bis
an die Grenzen des Planeten übertragen wurde,
gleichsam ein gemeinsamer Hilferuf an den Papst

von seiten der heutigen Menschheit war, die sich, von Unsicherheiten und Ängsten beunruhigt, die Frage nach ihrer Zukunft stellt.

Die Kirche von heute muß in sich das Bewußtsein ihrer Aufgabe schärfen, der Welt die Stimme dessen anzubieten, der gesagt hat: »Ich bin das Licht der Welt. Wer mir nachfolgt, wird nicht in der Finsternis umhergehen, sondern wird das Licht des Lebens haben« (Johannes 8,12). Bei seiner Amtsübernahme weiß der neue Papst, daß es seine Aufgabe ist, vor den Männern und Frauen von heute das Licht Christi leuchten zu lassen: nicht das eigene Licht, sondern das Licht Christi.

In diesem Bewußtsein wende ich mich an alle, auch an diejenigen, die anderen Religionen angehören oder die einfach eine Antwort auf die Grundfragen des Daseins suchen und sie noch nicht gefunden haben. An alle wende ich mich in Einfachheit und Liebe, um sie dessen zu vergewissern, daß die Kirche mit ihnen weiterhin einen offenen und aufrichtigen Dialog pflegen will in der Suche nach dem wahren Guten des Menschen und der Gesellschaft.

Ich erbitte von Gott die Einheit und den Frieden für die Menschheitsfamilie und erkläre die Bereitschaft aller Katholiken, für eine wahre gesellschaftliche Entwicklung zusammenzuarbeiten, die die Würde jedes Menschen achtet.

Ich werde weder an Kräften noch an Hingabe sparen, um den verheißungsvollen Dialog fortzusetzen, der von meinen verehrungswürdigen Vorgängern mit den verschiedenen Kulturen angeknüpft wurde, denn aus dem gegenseitigen Verständnis erwachsen die Bedingungen für eine bessere Zukunft aller.

In besonderer Weise denke ich an die jungen Menschen. Ihnen, den bevorzugten Gesprächspartnern von Papst Johannes Paul II., gilt meine liebevolle Umarmung in der Erwartung, daß ich – so Gott will – mit ihnen in Köln anläßlich des kommenden Weltjugendtages zusammentreffen werde. Liebe Jugendliche, Ihr seid die Zukunft und Hoffnung der Kirche und der Menschheit, und ich setze mit Euch den Dialog fort, indem ich Eure Erwartungen anhöre in der Absicht, Euch zu helfen, damit Ihr dem lebendigen, ewig jungen Christus begegnet.

7. »Mane nobiscum, Domine!« Bleibe bei uns, Herr! Diese Aufforderung, die das Hauptthema des Apostolischen Schreibens von Johannes Paul II. für das Jahr der Eucharistie bildet, ist die Bitte, die spontan aus meinem Herzen aufsteigt, während ich mich anschicke, das Dienstamt anzutreten, in das Christus mich berufen hat. Wie Petrus, so erneuere auch ich mein Versprechen uneingeschränkter Treue. Nur Ihm will ich dienen, indem ich mich vollständig dem Dienst an seiner Kirche widme.

Zur Bekräftigung meines Versprechens bitte ich um die mütterliche Fürsprache der allerseligsten Jungfrau Maria, in deren Hände ich die Gegenwart und die Zukunft meiner Person und der Kirche lege. Mögen auch die heiligen Apostel Petrus und Paulus und alle Heiligen ihre Fürsprache einlegen.

Mit diesen Gefühlen erteile ich Euch, verehrte Kardinalsbrüder, sowie denen, die an diesem Ritus teilnahmen, und allen, die über Fernsehen und Rundfunk mit uns verbunden sind, meinen besonderen liebevollen Segen.

3

»Ein Christ ist nie allein«

Predigt zur Amtseinführung
mit Übergabe des Palliums
und des Fischerrings
auf dem Petersplatz

24. April 2005

Meine Herren Kardinäle,
verehrte Brüder im Bischofs- und Priesteramt,
sehr geehrte Staatsoberhäupter,
Mitglieder der offiziellen Delegationen und
des Diplomatischen Corps,
liebe Brüder und Schwestern!

Dreimal hat uns in diesen ereignisreichen Tagen
der Gesang der Allerheiligenlitanei begleitet: beim
Begräbnis unseres heimgegangenen Heiligen Vaters
Johannes Pauls II.; beim Einzug der Kardinäle ins
Konklave, und jetzt haben wir es soeben wieder
gesungen mit der Bitte: Tu illum adiuva – sostieni
il nuovo successore di S. Pietro. Jedes Mal habe ich
auf eigene Weise dieses gesungene Gebet als großen Trost empfunden. Wie verlassen fühlten wir
uns nach dem Heimgang von Johannes Paul II., der
gut 26 Jahre unser Hirt und Führer auf dem Weg
durch diese Zeit gewesen war. Nun hatte er die
Schwelle ins andere Leben – ins Geheimnis Gottes
hinein überschritten. Aber er ging nicht allein. Wer
glaubt, ist nie allein – im Leben nicht und auch im
Sterben nicht. Nun konnten wir die Heiligen aller
Jahrhunderte herbeirufen – seine Freunde, seine
Geschwister im Glauben. Und wir wußten, daß sie

gleichsam das lebendige Fahrzeug sein würden,
das ihn hinüber- und hinaufträgt zur Höhe Gottes.
Wir wußten, wenn er ankommt, wird er erwartet.
Er ist unter den Seinen, und er ist wahrhaft zu
Hause. Wiederum war es so, als wir den schweren
Zug ins Konklave gingen, um den zu finden, den
der Herr erwählt hat. Wie sollten wir nur den
Namen erkennen? Wie sollten 115 Bischöfe aus
allen Kulturen und Ländern den finden, dem der
Herr den Auftrag des Bindens und des Lösens
geben möchte? Aber wieder wußten wir: Wir sind
nicht allein. Wir sind von den Freunden Gottes
umgeben, geleitet und geführt. Und nun, in dieser
Stunde, muß ich schwacher Diener Gottes diesen
unerhörten Auftrag übernehmen, der doch alles
menschliche Vermögen überschreitet. Wie sollte
ich das? Wie kann ich das? Aber Ihr alle, liebe
Freunde, habt nun die ganze Schar der Heiligen
stellvertretend durch einige der großen Namen
der Geschichte Gottes mit den Menschen herbei-
gerufen, und so darf auch ich wissen: Ich bin nicht
allein. Ich brauche nicht allein zu tragen, was ich
wahrhaftig allein nicht tragen könnte. Die Schar
der Heiligen Gottes schützt und stützt und trägt
mich. Und Euer Gebet, liebe Freunde, Eure Nach-

sicht, Eure Liebe, Euer Glaube und Euer Hoffen
begleiten mich. Denn zur Gemeinschaft der Heiligen gehören nicht nur die großen Gestalten, die
uns vorangegangen sind und deren Namen wir
kennen. Die Gemeinschaft der Heiligen sind wir
alle, die wir auf den Namen von Vater, Sohn und
Heiligen Geist getauft sind und die wir von der
Gabe des Fleisches und Blutes Christi leben, durch
die er uns verwandeln und sich gleich gestalten
will. Ja, die Kirche lebt – das ist die wunderbare
Erfahrung dieser Tage. Durch alle Traurigkeit von
Krankheit und Tod des Papstes hindurch ist uns
dies auf wunderbare Weise sichtbar geworden:
Die Kirche lebt. Und die Kirche ist jung. Sie trägt
die Zukunft der Welt in sich und zeigt daher auch
jedem einzelnen den Weg in die Zukunft. Die
Kirche lebt – wir sehen es, und wir spüren die
Freude, die der Auferstandene den Seinen verhei-
ßen hat. Die Kirche lebt – sie lebt, weil Christus
lebt, weil er wirklich auferstanden ist. Wir haben
an dem Schmerz, der auf dem Gesicht des Heiligen
Vaters in den Ostertagen lag, das Geheimnis von
Christi Leiden angeschaut und gleichsam seine
Wunden berührt. Aber wir haben in all diesen
Tagen auch den Auferstandenen in einem tiefen

Sinn berühren dürfen. Wir dürfen die Freude ver-
spüren, die er nach der kurzen Weile des Dunkels
als Frucht seiner Auferstehung verheißen hat.

Die Kirche lebt – so begrüße ich in großer Freude
und Dankbarkeit Euch alle, die Ihr hier versammelt seid, verehrte Kardinäle und Mitbrüder im
Bischofsamt, liebe Priester, Diakone, pastorale
Mitarbeiter und Katechisten. Ich grüße Euch, gott-
geweihte Männer und Frauen, Zeugen der verwan-
delnden Gegenwart Gottes. Ich grüße Euch, gläubige Laien, die Ihr eingetaucht seid in den weiten
Raum des Aufbaus von Gottes Reich, das sich über
die Welt in allen Bereichen des Lebens ausspannt.
Voller Zuneigung richte ich meinen Gruß auch an
alle, die, im Sakrament der Taufe wiedergeboren,
noch nicht in voller Gemeinschaft mit uns stehen;
sowie an Euch, Brüder aus dem jüdischen Volk,
mit dem wir durch ein großes gemeinsames geistli-
ches Erbe verbunden sind, das in den unwiderruf-
lichen Verheißungen Gottes seine Wurzeln schlägt.
Schließlich gehen meine Gedanken – gleichsam wie
eine Welle, die sich ausbreitet – zu allen Menschen
unserer Zeit, zu den Glaubenden und zu den Nicht-
glaubenden.

Liebe Freunde! Ich brauche in dieser Stunde keine Art von Regierungsprogramm vorzulegen; einige Grundzüge dessen, was ich als meine Aufgabe ansehe, habe ich schon in meiner Botschaft vom Mittwoch, dem 20. April, vortragen können; andere Gelegenheiten werden folgen. Das eigentliche Regierungsprogramm aber ist, nicht meinen Willen zu tun, nicht meine Ideen durchzusetzen, sondern gemeinsam mit der ganzen Kirche auf Wort und Wille des Herrn zu lauschen und mich von ihm führen zu lassen, damit er selbst die Kirche führe in dieser Stunde unserer Geschichte. Statt eines Programms möchte ich einfach die beiden Zeichen auszulegen versuchen, mit denen die In-Dienst-Nahme für die Nachfolge des heiligen Petrus liturgisch dargestellt wird; beide Zeichen spiegeln übrigens auch genau das, was in den Lesungen dieses Tages gesagt wird.

Das erste Zeichen ist das Pallium, ein Gewebe aus reiner Wolle, das mir um die Schultern gelegt wird. Dieses uralte Zeichen, das die Bischöfe von Rom seit dem vierten Jahrhundert tragen, mag zunächst einfach ein Bild sein für das Joch Christi, das der Bischof dieser Stadt, der Knecht der Knechte Got-

tes auf seine Schultern nimmt. Das Joch Gottes –
das ist der Wille Gottes, den wir annehmen. Und
dieser Wille ist für uns nicht eine fremde Last, die
uns drückt und die uns unfrei macht. Zu wissen,
was Gott will, zu wissen, was der Weg des Lebens
ist – das war die Freude Israels, die es als eine große Auszeichnung erkannte. Das ist auch unsere
Freude: Der Wille Gottes entfremdet uns nicht, er
reinigt uns – und das kann weh tun – aber so
bringt er uns zu uns selber, und so dienen wir nicht
nur ihm, sondern dem Heil der ganzen Welt, der
ganzen Geschichte. Aber die Symbolik des Palliums ist konkreter: Aus der Wolle von Lämmern
gewoben will es das verirrte Lamm oder auch das
kranke und schwache Lamm darstellen, das der
Hirt auf seine Schultern nimmt und zu den Wassern des Lebens trägt. Das Gleichnis vom verlore-
nen Schaf, dem der Hirte in die Wüste nachgeht,
war für die Kirchenväter ein Bild für das Geheimnis Christi und der Kirche. Die Menschheit, wir
alle, sind das verlorene Schaf, das in der Wüste
keinen Weg mehr findet. Den Sohn Gottes leidet es
nicht im Himmel; er kann den Menschen nicht in
solcher Not stehen lassen. Er steht selber auf, ver-
läßt des Himmels Herrlichkeit, um das Schaf zu

finden und geht ihm nach bis zum Kreuz. Er lädt
es auf die Schulter, er trägt unser Menschsein, er
trägt uns – er ist der wahre Hirt, der für das Schaf
sein eigenes Leben gibt. Das Pallium sagt uns zual-
lererst, daß wir alle von Christus getragen werden.
Aber er fordert uns zugleich auf, einander zu tragen. So wird das Pallium zum Sinnbild für die
Sendung des Hirten, von der die Zweite Lesung
und das Evangelium sprechen. Den Hirten muß die
heilige Unruhe Christi beseelen, dem es nicht gleich-
gültig ist, daß so viele Menschen in der Wüste
leben. Und es gibt vielerlei Arten von Wüsten. Es
gibt die Wüste der Armut, die Wüste des Hungers
und des Durstes. Es gibt die Wüste der Verlas-
senheit, der Einsamkeit, der zerstörten Liebe. Es
gibt die Wüste des Gottesdunkels, der Entleerung
der Seelen, die nicht mehr um die Würde und um
den Weg des Menschen wissen. Die äußeren Wüsten wachsen in der Welt, weil die inneren Wüsten
so groß geworden sind. Deshalb dienen die Schätze
der Erde nicht mehr dem Aufbau von Gottes Garten, in dem alle leben können, sondern dem Aus-
bau von Mächten der Zerstörung. Die Kirche als
Ganze und die Hirten in ihr müssen wie Christus
sich auf den Weg machen, um die Menschen aus

der Wüste herauszuführen zu den Orten des
Lebens – zur Freundschaft mit dem Sohn Gottes,
der uns Leben schenkt, Leben in Fülle. Das Symbol
des Lammes hat aber auch noch eine andere Seite.
Im alten Orient war es üblich, daß die Könige sich
als Hirten ihrer Völker bezeichneten. Dies war ein
Bild ihrer Macht, ein zynisches Bild: Die Völker
waren wie Schafe für sie, über die der Hirte ver-
fügt. Der wahre Hirte aller Menschen, der lebendige Gott, ist selbst zum Lamm geworden, er hat
sich auf die Seite der Lämmer, der Getretenen und
Geschlachteten gestellt. Gerade so zeigt er sich als
der wirkliche Hirt. »Ich bin der wahre Hirte ... Ich
gebe mein Leben für die Schafe«, sagt Jesus von
sich (JOHANNES 10,14 F.). Nicht die Gewalt erlöst, sondern die Liebe. Sie ist das Zeichen Gottes,
der selbst die Liebe ist. Wie oft wünschten wir, daß
Gott sich stärker zeigen würde. Daß er dreinschla-
gen würde, das Böse ausrotten und die bessere
Welt schaffen. Alle Ideologien der Gewalt recht-
fertigen sich mit diesen Motiven: Es müsse auf sol-
che Weise zerstört werden, was dem Fortschritt
und der Befreiung der Menschheit entgegenstehe.
Wir leiden unter der Geduld Gottes. Und doch
brauchen wir sie alle. Der Gott, der Lamm wurde,

sagt es uns: Die Welt wird durch den Gekreuzigten und nicht durch die Kreuziger erlöst. Die Welt wird durch die Geduld Gottes erlöst und durch die Ungeduld der Menschen verwüstet.

So muß es eine Haupteigenschaft des Hirten sein, daß er die Menschen liebt, die ihm anvertraut sind, weil und wie er Christus liebt, in dessen Diensten er steht. »Weide meine Schafe«, sagt Christus zu Petrus, sagt er nun zu mir. Weiden heißt lieben, und lieben heißt auch, bereit sein zu leiden. Und lieben heißt: den Schafen das wahrhaft Gute zu geben, die Nahrung von Gottes Wahrheit, von Gottes Wort, die Nahrung seiner Gegenwart, die er uns in den heiligen Sakramenten schenkt. Liebe Freunde – in dieser Stunde kann ich nur sagen: Betet für mich, daß ich den Herrn immer mehr lieben lerne. Betet für mich, daß ich seine Herde – Euch, die heilige Kirche, jeden einzelnen und alle zusammen immer mehr lieben lerne. Betet für mich, daß ich nicht furchtsam vor den Wölfen fliehe. Beten wir füreinander, daß der Herr uns trägt und daß wir durch ihn einander zu tragen lernen.

Das zweite Zeichen, mit dem in der Liturgie dieses Tages die Einsetzung in das Petrusamt dargestellt wird, ist die Übergabe des Fischerrings. Die Berufung Petri zum Hirten, die wir im Evangelium gehört haben, folgt auf die Geschichte von einem reichen Fischfang: Nach einer Nacht, in der die Jünger erfolglos die Netze ausgeworfen hatten, sahen sie den auferstandenen Herrn am Ufer. Er befiehlt ihnen, noch einmal auf Fang zu gehen, und nun wird das Netz so voll, daß sie es nicht wieder einholen können: 153 große Fische. »Und obwohl es so viele waren, zerriß das Netz nicht« (Johannes 21,11). Diese Geschichte am Ende der Wege Jesu mit seinen Jüngern antwortet auf eine Geschichte am Anfang: Auch da hatten die Jünger die ganze Nacht nichts gefischt; auch da fordert Jesus den Simon auf, noch einmal auf den See hinauszufahren. Und Simon, der noch nicht Petrus heißt, gibt die wunderbare Antwort: Meister, auf dein Wort hin werfe ich die Netze aus. Und nun folgt der Auftrag: »Fürchte dich nicht! Von jetzt an wirst du Menschen fischen« (Lukas 5,1–11). Auch heute ist es der Kirche und den Nachfolgern der Apostel aufgetragen, ins hohe Meer der Geschichte hinauszufahren und die Netze auszuwer-

fen, um Menschen für das Evangelium – für Gott,
für Christus, für das wahre Leben – zu gewinnen.
Die Väter haben auch diesem Vorgang eine ganz
eigene Auslegung geschenkt. Sie sagen: Für den
Fisch, der für das Wasser geschaffen ist, ist es töd-
lich, aus dem Meer geholt zu werden. Er wird seinem Lebenselement entrissen, um dem Menschen
zur Nahrung zu dienen. Aber beim Auftrag der
Menschenfischer ist es umgekehrt. Wir Menschen
leben entfremdet, in den salzigen Wassern des Lei-
dens und des Todes; in einem Meer des Dunkels
ohne Licht. Das Netz des Evangeliums zieht uns
aus den Wassern des Todes heraus und bringt uns
ans helle Licht Gottes, zum wirklichen Leben. In
der Tat – darum geht es beim Auftrag des Menschenfischers in der Nachfolge Christi, die Menschen aus dem Salzmeer all unserer Entfremdun-
gen ans Land des Lebens, zum Licht Gottes zu
bringen. In der Tat: Dazu sind wir da, den Menschen Gott zu zeigen. Und erst wo Gott gesehen
wird, beginnt das Leben richtig. Erst wo wir dem
lebendigen Gott in Christus begegnen, lernen wir,
was Leben ist. Wir sind nicht das zufällige und
sinnlose Produkt der Evolution. Jeder von uns ist
Frucht eines Gedankens Gottes. Jeder ist gewollt,

jeder ist geliebt, jeder ist gebraucht. Es gibt nichts Schöneres, als vom Evangelium, von Christus gefunden zu werden. Es gibt nichts Schöneres, als ihn zu kennen und anderen die Freundschaft mit ihm zu schenken. Die Arbeit des Hirten, des Menschenfischers mag oft mühsam erscheinen. Aber sie ist schön und groß, weil sie letzten Endes Dienst an der Freude Gottes ist, die in der Welt Einzug halten möchte.

Noch eins möchte ich hier anmerken: Sowohl beim Hirtenbild wie beim Bild vom Fischer taucht der Ruf zur Einheit ganz nachdrücklich auf. »Ich habe noch andere Schafe, die nicht aus diesem Stall sind; sie muß ich führen, und sie werden auf meine Stimme hören; dann wird es nur eine Herde geben und einen Hirten« (Johannes 10,16), sagt Jesus am Ende der Hirtenrede. Und das Wort von den 153 großen Fischen endet mit der freudigen Feststellung: »Und obwohl es so viele waren, zerriß das Netz nicht« (Johannes 21,11). Ach, lieber Herr, nun ist es doch zerrissen, möchten wir klagend sagen. Aber nein – klagen wir nicht! Freuen wir uns über die Verheißung, die nicht trügt und tun wir das Unsrige, auf der Spur der

Verheißung zu gehen, der Einheit entgegen. Erinnern wir bittend und bettelnd den Herrn daran:
Ja, Herr, gedenke deiner Zusage. Laß einen Hirten
und eine Herde sein. Laß dein Netz nicht zerrei-
ßen, und hilf uns, Diener der Einheit zu sein!

In dieser Stunde geht meine Erinnerung zurück
zum 22. Oktober 1978, als Papst Johannes Paul II.
hier auf dem Petersplatz sein Amt übernahm. Immer noch und immer wieder klingen mir seine
Worte von damals in den Ohren: Non avete paura:
Aprite, anzi spalancate le porte per Cristo! Der
Papst sprach zu den Starken, zu den Mächtigen der
Welt, die Angst hatten, Christus könnte ihnen etwas
von ihrer Macht wegnehmen, wenn sie ihn einlas-
sen und die Freiheit zum Glauben geben würden.
Ja, er würde ihnen schon etwas wegnehmen: die
Herrschaft der Korruption, der Rechtsbeugung,
der Willkür. Aber er würde nichts wegnehmen
von dem, was zur Freiheit des Menschen, zu seiner
Würde, zum Aufbau einer rechten Gesellschaft
gehört. Und der Papst sprach zu den Menschen,
besonders zu den jungen Menschen. Haben wir
nicht alle irgendwie Angst, wenn wir Christus ganz
herein lassen, uns ihm ganz öffnen, könnte uns

etwas genommen werden von unserem Leben?
Müssen wir dann nicht auf so vieles verzichten,
was das Leben erst so richtig schön macht? Würden wir nicht eingeengt und unfrei? Und wiederum
wollte der Papst sagen: Nein. Wer Christus einläßt,
dem geht nichts, nichts – gar nichts verloren von
dem, was das Leben frei, schön und groß macht.
Nein, erst in dieser Freundschaft öffnen sich die
Türen des Lebens. Erst in dieser Freundschaft
gehen überhaupt die großen Möglichkeiten des
Menschseins auf. Erst in dieser Freundschaft erfahren wir, was schön und was befreiend ist. So
möchte ich heute mit großem Nachdruck und großer Überzeugung aus der Erfahrung eines eigenen
langen Lebens Euch, liebe junge Menschen, sagen:
Habt keine Angst vor Christus! Er nimmt nichts,
und er gibt alles. Wer sich ihm gibt, der erhält alles
hundertfach zurück. Ja, aprite, spalancate le porte
per Cristo – dann findet Ihr das wirkliche Leben.
Amen.

4

»Die Kirche lebt.
Und die Kirche ist jung«

Ansprache an die Pilger aus Deutschland
in der Audienzhalle

25. April 2005

Liebe deutsche Landsleute!

Zunächst einmal muß ich vielmals um Entschuldigung bitten für meine Verspätung. Die Deutschen sind berühmt für ihre Pünktlichkeit. Es scheint, daß ich schon sehr italianisiert bin. Aber wir hatten eine große ökumenische Begegnung mit den Vertretern der Ökumene aus aller Welt, aus allen Kirchen und kirchlichen Gemeinschaften, mit den Vertretern der anderen Religionen. Das war sehr herzlich, so daß es länger gedauert hat.

Jetzt aber endlich: Herzlich willkommen!

Von Herzen danke ich für die Glückwünsche, für die Worte und Zeichen der Zuwendung und der Freundschaft, die ich aus allen Teilen Deutschlands in überwältigender Weise empfangen habe. Am Beginn meines Weges in einem Amt, an das ich nie gedacht hatte und für das ich mich nicht geschaffen glaubte, ist mir dies alles eine ganz große Stärkung und Hilfe. Vergelt's Gott! Als langsam der Gang der Abstimmungen mich erkennen ließ, daß sozusagen das Fallbeil auf mich herabfallen würde, war mir ganz schwindelig zumute. Ich hatte

geglaubt, mein Lebenswerk getan zu haben und
nun auf einen ruhigen Ausklang meiner Tage hoffen zu dürfen. Ich habe mit tiefer Überzeugung
zum Herrn gesagt: Tu mir dies nicht an! Du hast
Jüngere und Bessere, die mit ganz anderem Elan
und mit ganz anderer Kraft an diese große Aufgabe herantreten können. Da hat mich ein kleiner
Brief sehr berührt, den mir ein Mitbruder aus dem
Kardinalskollegium geschrieben hat. Er erinnerte
mich daran, daß ich die Predigt beim Gottesdienst
für Johannes Paul II. vom Evangelium her unter
das Wort gestellt hatte, das der Herr am See von
Genezareth zu Petrus gesagt hat: Folge mir nach!
Ich hatte dargestellt, wie Karol Wojtyla immer
wieder vom Herrn diesen Anruf erhielt und immer
neu viel aufgeben und einfach sagen mußte: Ja, ich
folge dir, auch wenn du mich führst, wohin ich
nicht wollte. Der Mitbruder schrieb mir: Wenn der
Herr nun zu Dir sagen sollte »Folge mir«, dann
erinnere Dich, was Du gepredigt hast. Verweigere
Dich nicht! Sei gehorsam, wie Du es vom großen
heimgegangenen Papst gesagt hast. Das fiel mir ins
Herz. Bequem sind die Wege des Herrn nicht, aber
wir sind ja auch nicht für die Bequemlichkeit, sondern für das Große, für das Gute geschaffen.

So blieb mir am Ende nichts als ja zu sagen. Ich vertraue auf den Herrn, und ich vertraue auf Euch, liebe Freunde. Ein Christ ist nie allein, habe ich gestern in der Predigt gesagt. Damit habe ich die wunderbare Erfahrung ausgedrückt, die wir alle in diesen außergewöhnlichen vier Wochen machen durften, die hinter uns liegen. Beim Tod des Papstes ist in aller Trauer die lebendige Kirche erschienen. Und es ist sichtbar geworden, daß die Kirche eine Kraft der Einheit, ein Zeichen für die Menschheit ist. Wenn die großen Nachrichten-Stationen vierundzwanzig Stunden auf vierundzwanzig Stunden über den Heimgang des Papstes, über die Trauer der Menschen, über das Wirken des großen Heimgegangenen berichteten, antworteten sie auf eine Teilnahme, die jede Erwartung überstieg. Im Papst war ihnen ein Vater sichtbar geworden, der Vertrauen und Zuversicht schenkte. Der alle irgendwie untereinander verband. Es wurde sichtbar, daß die Kirche nicht in sich verschlossen und nur für sich selber da ist, sondern daß sie ein Lichtpunkt für die Menschen ist. Es wurde sichtbar: Die Kirche ist gar nicht alt und unbeweglich. Nein, sie ist jung. Und wenn wir auf diese Jugend schauen, die sich um den verstorbenen Papst und letztlich um

Christus scharte, für den er eingestanden war,
dann wurde etwas nicht minder Tröstliches sichtbar: Es ist gar nicht wahr, daß die Jugend vor
allem an Konsum und an Genuß denkt. Es ist nicht
wahr, daß sie materialistisch und egoistisch ist.
Das Gegenteil ist wahr: Die Jugend will das Große.
Sie will, daß dem Unrecht Einhalt geboten ist. Sie
will, daß die Ungleichheit überwunden und allen
ihr Anteil an den Gütern der Welt wird. Sie will,
daß die Unterdrückten ihre Freiheit erhalten. Sie
will das Große. Sie will das Gute. Und deswegen
ist die Jugend – seid Ihr – auch wieder ganz offen
für Christus. Christus hat uns nicht das bequeme
Leben versprochen. Wer Bequemlichkeit will, der
ist bei ihm allerdings an der falschen Adresse. Aber
er zeigt uns den Weg zum Großen, zum Guten,
zum richtigen Menschenleben. Wenn er vom Kreuz
spricht, das wir auf uns nehmen sollen, ist es nicht
Lust an der Quälerei oder kleinlicher Moralismus.
Es ist der Impuls der Liebe, die aufbricht aus sich
selbst heraus, die nicht umschaut nach sich selber,
sondern den Menschen öffnet für den Dienst an der
Wahrheit, an der Gerechtigkeit, am Guten. Christus zeigt uns Gott und damit die wahre Größe des
Menschen.

Mit dankbarer Freude sehe ich die Delegationen und Pilger aus meiner bayerischen Heimat. Schon bei anderen Gelegenheiten durfte ich Euch sagen, wieviel mir Eure treue Verbundenheit bedeutet, die seit jenen Tagen anhält, in denen ich meine geliebte Erzdiözese München und Freising in Richtung Vatikan verlassen habe, um dem Ruf meines verehrten Vorgängers Papst Johannes Pauls II. Folge zu leisten, der mich vor mehr als dreiundzwanzig Jahren zum Präfekten der Kongregation für die Glaubenslehre bestellt hatte. In all den Jahren, die seither vergangen sind, war mir stets bewußt, daß Bayern und Rom nicht nur in geographischer Hinsicht nicht weit auseinander liegen: Bayern und Rom, das waren von je her zwei Pole, die in fruchtbarer Beziehung zu einander standen. Von Rom kam das Evangelium mit Kaufleuten, Beamten und Soldaten bis an die Donau und an den Lech. Ich überspringe jetzt viele Dinge. Im sechzehnten und im siebzehnten Jahrhundert gab dann Bayern eines der schönsten Zeugnisse der Treue zur katholischen Kirche. Dies belegt der sehr fruchtbare Austausch von Kultur und Frömmigkeit zwischen dem barocken Bayern und dem Sitz des Nachfolgers Petri. In der Neuzeit war es Bayern, das der Gesamtkirche einen so liebenswerten Heiligen wie den Kapuzinerpförtner Bruder Konrad von Parzam geschenkt hat.

Liebe Freunde, lassen wir uns nicht abbringen von diesem Großmut, von dieser Wanderschaft zu Christus. Ich freue mich auf Köln, wo sich die Jugend der Welt treffen wird oder besser: wo die Jugend der Welt ihre Begegnung mit Christus hält. Gehen wir miteinander, halten wir zusammen. Ich vertraue auf Eure Hilfe. Ich bitte Euch um Nachsicht, wenn ich Fehler mache wie jeder Mensch oder wenn manches unverständlich bleibt, was der Papst von seinem Gewissen und vom Gewissen der Kirche her sagen und tun muß. Ich bitte Euch um Euer Vertrauen. Halten wir zusammen, dann finden wir den rechten Weg. Und bitten wir Maria, die Mutter des Herrn, daß sie uns ihre frauliche und mütterliche Güte spüren läßt, in der uns erst die ganze Tiefe des Geheimnisses Christi aufgehen kann. Der Herr segne Euch alle!

5

»Ihr werdet meine Zeugen sein«

Predigt anläßlich der feierlichen Inbesitznahme
der Kathedra des Bischofs von Rom
in der Lateranbasilika

7. Mai 2005

Liebe Väter Kardinäle,
liebe Brüder im Bischofsamt,
liebe Brüder und Schwestern!

Am heutigen Tag, an dem ich als Nachfolger Petri zum ersten Mal die Kathedra, den Sitz des Bischofs von Rom, einnehmen kann, feiert die Kirche in Italien das Fest der Himmelfahrt des Herrn. Im Mittelpunkt dieses Tages steht Christus. Allein ihm, allein dem Geheimnis seiner Auffahrt in den Himmel ist es zu verdanken, daß es uns gelingt, die Bedeutung der Kathedra, die Symbol der Macht und der Verantwortung des Bischofs ist, zu verstehen. Was will uns also das Fest der Himmelfahrt des Herrn sagen? Es will uns nicht sagen, daß der Herr irgendwohin, weit weg von den Menschen und der Welt, gegangen ist. Die Himmelfahrt Christi ist keine Weltraumfahrt zu den fernsten Gestirnen; denn im Grunde genommen bestehen auch die Gestirne, ebenso wie die Erde, aus physischen Elementen. Die Himmelfahrt Christi bedeutet, daß er nicht mehr der Welt der Vergänglichkeit und des Todes angehört, die unser Leben bedingt. Sie bedeutet, daß er vollkommen Gott gehört. Er – der ewige Sohn – hat unser Menschsein vor das Ange-

sicht Gottes getragen, er hat das Fleisch und Blut
in einer verwandelten Gestalt mit sich getragen.
Der Mensch findet Raum in Gott; durch Christus
wurde das menschliche Sein in das innerste Leben
Gottes selbst hineingenommen. Und da Gott den
ganzen Kosmos umfaßt und trägt, bedeutet die
Himmelfahrt des Herrn, daß Christus sich nicht
von uns entfernt hat, sondern daß er jetzt, weil er
beim Vater ist, jedem von uns für immer nahe ist.
Jeder von uns darf zu ihm »Du« sagen; jeder kann
ihn anrufen. Der Herr befindet sich immer in Hör-
weite. Wir können uns innerlich von ihm entfernen.
Wir können leben, indem wir ihm den Rücken
zukehren. Aber er erwartet uns immer und ist uns
immer nahe.

Aus den Lesungen der heutigen Liturgie erfahren
wir auch etwas mehr darüber, wie der Herr diese
seine Nähe zu uns konkret verwirklicht. Der Herr
verheißt den Jüngern seinen Heiligen Geist. Die
Erste Lesung, die wir gehört haben, sagt uns, daß
der Heilige Geist für die Jünger »Kraft« sein wird;
das Evangelium fügt hinzu, daß er sie in die ganze
Wahrheit einführen wird. Jesus hat seinen Jüngern
alles gesagt, da er selbst das lebendige Wort Gottes

ist, und Gott kann nicht mehr geben als sich selbst. In Jesus hat Gott sich uns selbst ganz geschenkt, das heißt, er hat uns alles geschenkt. Darüber hinaus oder daneben kann es für uns keine weitere Offenbarung geben, die in der Lage wäre, mehr mitzuteilen bzw. die Offenbarung Christi irgendwie zu ergänzen. In ihm, im Sohn, ist uns alles gesagt, ist uns alles geschenkt worden. Aber unsere Auffassungsgabe ist begrenzt; daher besteht die Sendung des Geistes darin, die Kirche immer wieder neu, von Generation zu Generation, in die Größe des Geheimnisses Christi einzuführen. Der Geist stellt nicht etwas anderes oder Neues neben Christus; es gibt nicht – wie einige behaupten – eine Geistoffenbarung neben der Offenbarung Christi, es gibt keine zweite Offenbarungsebene. Nein: »Er wird von dem, was mein ist, nehmen«, sagt Christus im Evangelium (JOHANNES 16,14). Und wie Christus nur das sagt, was er vom Vater hört und empfängt, so ist der Heilige Geist Sprachrohr Christi. »Er wird von dem, was mein ist, nehmen.« Er führt uns nicht zu anderen Orten, die weit weg von Christus sind, sondern er führt uns immer tiefer in das Licht Christi. Deshalb ist die christliche Offenbarung immer alt und neu zu-

gleich. Deshalb ist uns alles seit jeher geschenkt.
Gleichzeitig lernt jede Generation in der uner-
schöpflichen Begegnung mit dem Herrn – einer
vom Heiligen Geist vermittelten Begegnung – immer etwas Neues.

So ist der Heilige Geist die Kraft, durch die uns
Christus seine Nähe erfahren läßt. Aber die Erste
Lesung enthält noch eine weitere Aussage: Ihr werdet meine Zeugen sein. Der auferstandene Christus
braucht Zeugen, die ihm begegnet sind, Menschen,
die ihn durch die Kraft des Heiligen Geistes zu-
tiefst kennengelernt haben. Menschen, die von ihm
Zeugnis geben können, weil sie ihn sozusagen mit
eigenen Händen berührt haben. Und so ist die
Kirche, die Familie Christi, von »Jerusalem ... bis
an die Enden der Erde« gewachsen, wie es in der
Lesung heißt. Durch die Zeugen ist die Kirche auf-
gebaut worden – angefangen bei Petrus und Paulus
und den zwölf Aposteln bis hin zu all den Männern und Frauen, die, erfüllt von Christus, im Laufe
der Jahrhunderte immer wieder neu die Flamme
des Glaubens entzündet haben und sie weiter ent-
zünden werden. Jeder Christ kann und soll auf seine Weise Zeuge des auferstandenen Christus sein.

74

Wenn wir die Namen der Heiligen lesen, können wir sehen, wie oft es sich bei ihnen vor allem um einfache Menschen gehandelt hat – und das gilt auch heute noch –, Menschen, von denen ein strahlendes Licht ausging – und ausgeht –, das zu Christus hinzuführen vermag.

Aber dieses Zusammenspiel der Zeugnisse hat eine klar festgelegte Struktur: Den Nachfolgern der Apostel, das heißt den Bischöfen, obliegt die öffentliche Verantwortung, dafür zu sorgen, daß das Netz dieser Zeugnisse durch die Zeiten hindurch weiterbesteht. Im Sakrament der Bischofsweihe wird ihnen die für diesen Dienst notwendige Macht und Gnade übertragen. In diesem Netz von Zeugen obliegt dem Nachfolger Petri eine besondere Aufgabe. Es war Petrus, der als erster im Namen der Apostel das Glaubensbekenntnis ausgesprochen hat: »Du bist der Messias, der Sohn des lebendigen Gottes« (MATTHÄUS 16,16). Das ist die Aufgabe aller Nachfolger des Petrus: Führer zu sein im Bekenntnis des Glaubens an Christus, den Sohn des lebendigen Gottes. Die Kathedra von Rom ist vor allem Kathedra dieses Glaubensbekenntnisses. Der Bischof von Rom ist dazu ver-

pflichtet, von dieser Kathedra herab ständig zu wie-
derholen: »Dominus Iesus« – »Jesus ist der Herr«,
wie Paulus in seinen Briefen an die Römer (10,9)
und an die Korinther (1 KORINTHER 12,3) schrieb.
An die Korinther gerichtet, sagte er mit besonde-
rem Nachdruck: »Und selbst wenn es im Himmel
oder auf der Erde sogenannte Götter gibt [...], so
haben doch wir nur einen Gott, den Vater [...].
Und einer ist der Herr: Jesus Christus. Durch ihn ist
alles, und wir sind durch ihn« (1 KORINTHER 8,5 f.).
Die Kathedra Petri verpflichtet ihre Inhaber – wie
es schon Petrus in einer Krisensituation der Jünger,
als viele fortgehen wollten, getan hat – zu sprechen: »Herr, zu wem sollen wir gehen? Du hast
Worte des ewigen Lebens. Wir sind zum Glauben
gekommen und haben erkannt: Du bist der Heilige
Gottes« (JOHANNES 6,68 f.). Wer die Kathedra
Petri in Besitz genommen hat, muß sich der Worte
erinnern, die der Herr beim Letzten Abendmahl zu
Petrus gesagt hat: »...und wenn du dich wieder
bekehrt hast, dann stärke deine Brüder« (LUKAS
22,32). Der Träger des Petrusamtes muß sich
bewußt sein, daß er ein zerbrechlicher und schwacher Mensch ist – wie seine eigenen Kräfte zer-
brechlich und schwach sind –, der ständiger Läu-

terung und Umkehr bedarf. Aber er darf sich auch
dessen bewußt sein, daß er vom Herrn die Kraft
erhält, seine Brüder im Glauben zu stärken und sie
vereint zu halten im Bekenntnis zum gekreuzigten
und auferstandenen Herrn. Im ersten Brief des heiligen Paulus an die Korinther finden wir den älte-
sten Auferstehungsbericht, den wir besitzen. Paulus
hat ihn von den Zeugen getreu übernommen. Dieser
Bericht spricht zunächst vom Tod des Herrn für
unsere Sünden, von seiner Grablegung, von seiner
Auferstehung am dritten Tag und sagt dann: »Christus erschien dem Kephas, dann den Zwölf...«
(1 Korinther 15,4). So wird noch einmal die
Bedeutung des Auftrags zusammengefaßt, der dem
Petrus bis ans Ende der Zeiten erteilt worden ist:
Zeuge des auferstandenen Christus zu sein.

Der Bischof von Rom sitzt auf seiner Kathedra,
um von Christus Zeugnis zu geben. Daher ist die
Kathedra das Symbol der *potestas docendi*, jener
Lehrvollmacht, die wesentlich zur Aufgabe des
Bindens und Lösens gehört, die vom Herrn dem
Petrus und nach ihm den Zwölf aufgetragen wor-
den ist. In der Kirche gehören die Heilige Schrift,
deren Verständnis unter der Eingebung des Heili-

gen Geistes wächst, und der den Aposteln auf-
getragene Dienst der authentischen Auslegung un-
lösbar zusammen. Wo die Heilige Schrift von der
lebendigen Stimme der Kirche losgelöst ist, wird
sie zum Diskussionsthema der Experten. Sicher,
alles, was sie uns zu sagen haben, ist wichtig und
wertvoll; die Arbeit der Gelehrten ist für uns eine
beachtliche Hilfe, um jenen lebendigen Wachs-
tumsprozeß der Schrift erfassen und somit ihren
historischen Reichtum verstehen zu können. Aber
die Wissenschaft allein kann uns keine endgültige
und verbindliche Interpretation liefern; sie ist nicht
in der Lage, uns in ihrer Interpretation jene Ge-
wißheit zu geben, mit der wir leben können und
für die wir auch sterben können. Dafür braucht es
ein größeres Mandat, das nicht allein aus menschlichen Fähigkeiten entstehen kann. Dazu braucht
es die Stimme der lebendigen Kirche, jener Kirche,
die bis ans Ende der Zeiten dem Petrus und dem
Apostelkollegium anvertraut wurde.

Diese Lehrvollmacht erschreckt viele Menschen
innerhalb und außerhalb der Kirche. Sie fragen
sich, ob sie nicht die Gewissensfreiheit bedrohe, ob
sie nicht eine Anmaßung darstelle, die im Gegen-

satz zur Meinungsfreiheit steht. Dem ist aber nicht
so. Die von Christus dem Petrus und seinen Nachfolgern übertragene Macht ist, absolut verstanden,
ein Auftrag zum Dienen. Die Lehrvollmacht in der
Kirche schließt eine Verpflichtung zum Dienst am
Glaubensgehorsam ein. Der Papst ist kein absolu-
ter Herrscher, dessen Denken und Willen Gesetz
sind. Im Gegenteil: Sein Dienst garantiert Gehorsam gegenüber Christus und seinem Wort. Er darf
nicht die eigenen Ideen verkünden, sondern muß
– entgegen allen Versuchen von Anpassung und
Verwässerung sowie jeder Form von Opportunis-
mus – sich und die Kirche immer zum Gehorsam
gegenüber dem Wort Gottes verpflichten. Das tat
Papst Johannes Paul II., wenn er – angesichts sämt-
licher, für den Menschen scheinbar gut gemeinter
Versuche – den falschen Interpretationen der Freiheit gegenüber unmißverständlich die Unverletzlich-
keit des menschlichen Wesens, die Unverletzlich-
keit des menschlichen Lebens von der Empfängnis
bis zum natürlichen Tod betonte. Die Freiheit
zu töten, ist keine wahre Freiheit, sondern eine
Tyrannei, die den Menschen zur Sklaverei erniedi-
rigt. Der Papst ist sich bewußt, daß er in seinen
wichtigen Entscheidungen an die große Gemein-

schaft des Glaubens aller Zeiten, an die verpflich-
tenden, auf dem Pilgerweg der Kirche entstande-
nen Interpretationen gebunden ist. So steht seine
Macht nicht über dem Wort Gottes, sondern in
dessen Dienst; und ihm obliegt die Verantwortung
dafür, daß dieses Wort in seiner Größe erhalten
bleibt und in seiner Reinheit erklingt, auf daß es
nicht von den ständig wechselnden Moden zerrissen werde.

Die Kathedra ist – wir sagen es noch einmal –
Symbol der Lehrvollmacht, die eine Macht des
Gehorsams und Dienstes ist, damit das Wort
Gottes – die Wahrheit! – unter uns erstrahlen und
uns so den Weg des Lebens weisen kann. Aber wie
könnten wir, wenn wir von der Kathedra des
Bischofs von Rom reden, die Worte unerwähnt lassen, die der heilige Ignatius von Antiochien an
die Römer schrieb? Von Antiochien, seinem ersten
Sitz, steuerte Petrus Rom an, seinen endgültigen
Sitz. Endgültig bekräftigt wurde dieser Sitz durch
das Martyrium, mit dem er seine Nachfolger für
immer an Rom gebunden hat. Ignatius, der Bischof
von Antiochien blieb, wurde seinerseits in den
Märtyrertod geführt, den er in Rom erleiden soll-

te. In seinem Brief an die Römer bezieht er sich auf die Kirche von Rom, »die den Vorsitz in der Liebe hat«, eine sehr bedeutsame Formulierung. Wir wissen nicht mit Sicherheit, was Ignatius mit der Verwendung dieser Worte im Sinn hatte. Aber für die alte Kirche war das Wort Liebe, *agape*, ein Hinweis auf das Geheimnis der Eucharistie. In diesem Mysterium wird die Liebe Christi immer mitten unter uns greifbar. Hier gibt er sich immer wieder hin. Hier läßt er sein Herz immer wieder durchbohren; hier hält er seine Verheißung aufrecht, die Verheißung, daß er vom Kreuz her alles an sich ziehen wird. In der Eucharistie erlernen wir selber die Liebe Christi. Dank dieser Herzensmitte, dank der Eucharistie haben die Heiligen gelebt, als sie die Liebe Gottes in immer neuen Formen in die Welt trugen. Dank der Eucharistie wird die Kirche immer wieder neu geboren! Die Kirche ist nichts anderes als jenes Netz – die eucharistische Gemeinschaft! –, in dem wir alle, wenn wir denselben Herrn empfangen, zu einem einzigen Leib werden und die ganze Welt umfangen. Der Vorsitz in der Lehre und der Vorsitz in der Liebe müssen letzten Endes ein und dasselbe sein: Die ganze Lehre der Kirche führt schließlich zur Liebe. Und die

Eucharistie als gegenwärtige Liebe Jesu Christi ist das Kriterium, an dem jede Lehre gemessen wird. An der Liebe hängen das ganze Gesetz und die Propheten, sagt der Herr (Matthäus 22,40). Die Liebe ist die Erfüllung des Gesetzes, schrieb der heilige Paulus an die Römer (Römer 13,10).

Liebe Römer, ich bin jetzt Euer Bischof. Danke für Eure Großherzigkeit, danke für Eure Sympathie, danke für Eure Geduld mit mir! Als Katholiken sind wir alle in gewisser Weise auch Römer. Mit den Worten von Psalm 87, einem Loblied auf Zion, die Mutter aller Völker, sang Israel und singt die Kirche: »Doch von Zion wird man sagen: Jeder ist dort geboren ...« (Psalmen 87,5). In ähnlicher Weise könnten auch wir sagen: Als Katholiken sind wir in gewisser Weise alle in Rom geboren. So will ich mit ganzem Herzen versuchen, Euer Bischof, der Bischof von Rom zu sein. Und wir alle wollen versuchen, immer mehr katholisch zu werden – immer mehr zu Brüdern und Schwestern in der großen Familie Gottes, jener Familie, in der es keine Fremden gibt. Schließlich möchte ich dem Vikar für die Diözese Rom, dem lieben Kardinal Camillo Ruini, den Weihbischöfen und allen ihren

Mitarbeitern von Herzen danken. Herzlich danke ich den Pfarrern, dem Klerus von Rom und allen, die als Gläubige dazu beitragen, um hier das lebendige Haus Gottes zu errichten. Amen.

Zur Person Benedikts XVI.

Benedikt XVI., geboren 1927 als Joseph Alois Ratzinger, war Professor für katholische Theologie in Freising, Bonn, Münster und Tübingen. Von 1962 an einer der führenden Konziltheologen, wurde er 1977 Nachfolger von Kardinal Döpfner als Erzbischof von München und Freising. 1981 ernannte ihn Papst Johannes Paul II. zum Präfekten der Glaubenskongregation, der zentralen Instanz für die Interpretation und die Verteidigung der kirchlichen Lehre. Kardinal Ratzinger war einer der engsten Berater Johannes Pauls II., im April 2005 wurde er zu dessen Nachfolger auf dem Heiligen Stuhl gewählt.

Bibliografische Information Der Deutschen Bibliothek
Die Deutsche Bibliothek verzeichnet diese Publikation
in der Deutschen Nationalbibliografie; detaillierte
bibliografische Daten sind im Internet über
http://dnb.ddb.de abrufbar.

Diese Ausgabe wurde auf chlor- und säurefrei
gebleichtem, alterungsbeständigem Papier gedruckt.

2. Auflage 2006
Umschlaggestaltung: Berndt & Fischer, Berlin
Umschlagabbildung: © Felici/Grazia Neri/Agentur Focus
Typographie und Satz: DVA/Brigitte Müller
Gesetzt aus der Sabon
Druck und Bindung: Friedrich Pustet, Regensburg
Printed in Germany
ISBN 10: 3-421-05955-1
ISBN 13: 978-3-421-05955-0

www.dva.de

Joseph Kardinal Ratzinger

Aus meinem Leben

Erinnerungen

Papst Benedikt XVI.

DVA

Joseph Kardinal Ratzinger
Aus meinem Leben
Erinnerungen
Gebunden, 192 Seiten
€ 10,00 | sFr 18,20
ISBN 3-421-05123-2

Joseph Ratzinger – Benedikt XVI. schildert in seinen
Erinnerungen, welche Erlebnisse und Erfahrungen seine
Kindheit prägten und wie er die einzelnen Schritte in
das Amt des Erzbischofs erlebt hat. Er berichtet offen
über die Zeit als Schüler während des Nationalsozialis-
mus, später als Flakhelfer und Soldat. Und er beschreibt
die geistigen Auseinandersetzungen mit Weggefährten
aus dem kirchlichen Leben ebenso wie die hitzige
Debatte um eine theologische Neubesinnung, in deren
Zentrum er als Hochschullehrer in der 68er-Bewegung
geriet. Der prominente Kirchenmann erzählt freimütig
und einfühlsam aus seinem Leben – eine Lebens-
geschichte mit unerwarteten Schattierungen.

DVA
www.dva.de

JOSEPH RATZINGER
BENEDIKT XVI.

Salz der Erde

Christentum und
katholische Kirche
im 21. Jahrhundert

Ein Gespräch mit Peter Seewald

DVA

Joseph Ratzinger
Benedikt XVI.

Salz der Erde

Christentum und katholische Kirche
im 21. Jahrhundert

Gebunden, 304 Seiten
€ 12,00 | sFr 21,70
ISBN 3-421-05046-5

Was bewegt die Christen im 21. Jahrhundert? Wie
reagiert die katholische Kirche auf die Krise des
Glaubens, auf Kirchenaustritte und Kritik an ihren
Dogmen? Joseph Ratzinger, als Benedikt XVI. Nachfolger Johannes Paul II., beantwortet im offenen
Dialog mit Peter Seewald Fragen zur Zukunft der
Kirche, zum Papsttum und zur Ökumene, zum Zöli-
bat und zur modernen westlichen Gesellschaft: eine
umfassende, durch Klarheit bestechende Einführung
in Denken und Glauben des Papstes, die weltweit
große Beachtung fand.

www.dva.de

JOSEPH RATZINGER
BENEDIKT XVI.

Gott und die Welt

Die Geheimnisse des christlichen Glaubens

Ein Gespräch mit Peter Seewald

DVA

Joseph Ratzinger
Benedikt XVI.

GOTT UND DIE WELT

Die Geheimnisse
des christlichen Glaubens

Gebunden, 400 Seiten
€ 14,00 | sFr 25,30
ISBN 3-421-05911-x

Das längste Interview in der Kirchengeschichte
liefert eine kompakte, spannende Einführung in das
Christentum und erläutert umfassend die Geheimnisse des Glaubens für das Leben und das Christentum im 21. Jahrhundert: spannend, intelligent, pro-
vozierend. Das Buch gibt Antworten auf die tief
gehende Krise des Christentums in Europa und ist
ein Manifest gegen den Zeitgeist, gegen ein banali-
siertes, nichts-sagendes Christentum, das sich von
seinen Wurzeln entfernt hat und nunmehr mög-
lichst bequem sein will.

www.dva.de